소근소근 천사들의 따뜻한 이야기

우리들의 생각

이 도서는 한국출판문화산업진흥원의 '2019년 출판콘텐츠 창작 지원 사업'의 일환으로 국민체육진흥기금을 지원받아 제작되었습니다.

시산맥 동시선 001
우리들의 생각

초판 1쇄 발행 | 2019년 11월 11일

지 은 이 | 유재록 김우종 김혜정 동은희
펴 낸 이 | 문정영
펴 낸 곳 | 시산맥사
편집주간 | 이성렬
편집위원 | 강경희 안차애 오현정 정재분
등록번호 | 제300-2013-12호
등록일자 | 2009년 4월 15일
주   소 | 03131 서울특별시 종로구 율곡로 6길 36,
          월드오피스텔 1102호
전   화 | 02-764-8722, 010-8894-8722
전자우편 | poemmtss@hanmail.net
시산맥카페 | http://cafe.daum.net/poemmtss

ISBN 979-11-6243-087-3 (03810)

값 13,000원

* 이 책은 전부 또는 일부 내용을 재사용하려면 반드시 저작권자와 시산 맥사의 동의를 받아야 합니다.
* 이 도서의 국립중앙도서관 출판시도서목록(CIP)은 서지정보유통지원시스템 홈페이지(http://seoji.nl.go.kr)와 국가자료공동목록시스템(http://www.nl.go.kr/kolisnet)에서 이용하실 수 있습니다. (CIP제어번호 : CIP2019042226)
* 이 시집은 교보문고와 연계하여 전자책으로도 발간되었습니다.
* 이 도서는 카카오톡 선물하기 〈독서의 계절〉에서도 구입할 수 있습니다

소근소근 천사들의 따뜻한 이야기

우리들의 생각

유재록 김우종 김혜정 동은희

지도교사 격려사

그들의 도구가 되어

김예하(시인)

　호기심과 설렘으로 마주한 우리들의 첫 만남, 그 떨림으로 그들은 시를 쓰기 시작합니다. 낯선 선생님에 대한 첫 느낌을 또박또박 써 내려갑니다. 꾸밈없는 마음이 백지 위에 꽃처럼 환하게 피는 것을 봅니다.

　그들에겐 분명 다른 것이 있습니다. 말을 걸면 때 묻지 않은 생각들이 꽃망울처럼 툭툭 튀어나옵니다. 그렇게 입에서 나오는 말들은 고스란히 시로 태어납니다. 우려했던 것과는 달리, 그들은 시가 재미있다며 시를 가지고 놉니다. 그만큼 시는 가슴으로 낳는 것임을 맑은 감성으로 깨우쳐줍니다.

　보이는 그대로 그림을 그리는 시 속엔 따뜻함이 있습니다. 다소 엉뚱하기도 한 순수함에 빙그레 미소가 지어집니다. 때론 너무나 솔직

해서 가슴이 뭉클해지기도 합니다. 어눌해 보여도 시를 향한 그들의 진지한 태도는 나를 낮추고 겸손하게 합니다.

물론 이들은 장애인입니다. 생각을 온전히 글로 표현하기는 쉽지 않습니다. 그런데도 펜을 놓지 않고 꾸준히 시를 씁니다. 힘들어도 감사하며 살아가는 해맑은 마음은 타고난 것이라고 해도 과언이 아닙니다. 그 능력이 곧 시가 되어 감동을 전하고 우리에게 힘을 줍니다.

세상 속으로 힘차게 발을 내딛는 두 번째 시집,
이웃에게 한 발자국 더 다가갈 기회가 되었으면 합니다. 마음이 활짝 열려서 서로를 더 많이 아끼고 사랑하는 따뜻한 우리가 되었으면 좋겠습니다.

그들의 도구가 되어 시집을 발간하게 됨을 감사드립니다.
함께하며 참 기쁨을 알게 해 준 그들의 열정이 더없이 고맙습니다.
꿈이 계속 이어질 수 있기를 소원하며 두 번째 시집을 진심으로 축하합니다.
재록 씨, 우종 씨, 혜정 씨, 그리고 은희 씨, 끝까지 힘내시고 사랑합니다.

유재록

그림일기 _ 016
문원의 별 헤는 밤 _ 017
아름다운 실습 선생님들 _ 018
여름수박 _ 019
여름휴가 _ 020
여름날씨 _ 021
경국 선생님 _ 022
운명 _ 023
처음 만난 선생님 _ 024
마지막 수업 _ 025
조리사님들 _ 026
마른장마 _ 027
해피박스 _ 028
내 마음의 무지개 _ 029
가을 _ 030
꿈 _ 031
기적이 일어났다 _ 032
재록이의 생각 _ 033

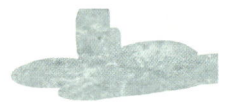

산책 _ 034

언덕 _ 035

천사 _ 036

단풍나무 _ 037

나는 그가 보고 싶다 _ 038

깨끗한 마음 _ 039

새 직장 _ 040

거울 속 파도 _ 041

첫 출근하는 날 _ 042

아기 조약돌 _ 043

저녁 _ 044

버려진 강아지 _ 045

내 친구 우종이 _ 046

우리는 한 가족 _ 047

별들의 밤 _ 048

이모와 선인장 _ 049

지우개 _ 050

달력 _ 051

첫눈 _ 052

선물 _ 053

연말 _ 054

새해 _ 055

그림자 따라오는 저녁 _ 056

봉사하는 날 _ 057

바람 _ 058

가방 _ 059

소금 눈 _ 060

얼음 공 _ 061

설레임 _ 062

미세먼지 _ 063

안경 _ 064

춤추는 벚꽃 _ 065

아름다은 천사 _ 066

수요일을 기다리다 _ 067

봄 _ 068

여권 _ 069

엄마는 동그라미 _ 070

의자 _ 071

김우종

한강공원 _ 074
말복 _ 075
뭉게구름 _ 076
아웃백 _ 077
거북이 _ 078
물은 올챙이 _ 079
마지막 날에 _ 080
폭우 _ 081
가을비 _ 082
데이트 _ 083
무지개떡 _ 084
가을바람 _ 085
무더운 날 _ 086
좋아하는 꽃 _ 087
하트 _ 088
호빵 _ 089
초코케이크 _ 090
추석 _ 091

꽃 _ 092
카푸치노 _ 093
한글날 _ 094
하늘보기 _ 095
봄과 가을은 _ 096
아기 _ 097
경찰의 날 _ 098
표창장 받는 날 _ 099
가을 사진 _ 100
거울 _ 101
흰둥이 _ 102
아름다운 복지관 _ 103
나무 의자 _ 104
송년의 밤 _ 105
지우개 _ 106
나무그늘카페 _ 107
달력 _ 108
고양이 _ 109
돼지 저금통 _ 110

고마음 _ 111
새해 _ 112
사람들은 _ 113
기도 _ 114
바람 _ 115
나의 하루 _ 116
보름달 _ 117
호박 _ 118
그녀 _ 119
사순절 _ 120
화이트데이 _ 121
풍선 _ 122
잔소리 _ 123
벚꽃 _ 124
개나리 _ 125
계란 볶음밥 _ 126
새 신발 _ 127
미세먼지 _ 128
선물 _ 129
스승의 날 _ 130

구름 _ 132
비 _ 133
태풍 _ 134
소나기 _ 135
기도 _ 136
별 _ 137
얼굴 꽃 _ 138
거울 _ 139
가을 찍기 _ 140
루피 _ 141
시 수업하는 날 _ 142
오래된 의자 _ 143
지우개 _ 144
함박눈 _ 145
할머니 _ 146
그림자 _ 147
꽃밭에서 _ 148
휴대폰 _ 149

날씨 _ 150
봄 _ 151
버스 _ 152
벚꽃 핀 날 _ 153
마음 _ 154
봄비 _ 155
지구 _ 156
어머니 손 _ 157

동은희

문신 _ 160
사랑하는 이 _ 161
하늘 _ 162
향수 _ 163
친구 _ 164
뽕!뽕!뽕! _ 165
내가 좋아하는 가수의 노래를 들을 때면 _ 166
핼러윈 축제 _ 167
웃음 바이러스 _ 168
길동무 _ 169
시계 _ 170
이어폰 _ 171
콩나물 _ 172
기다림 _ 173
사인회 _ 174
겨울나무 _ 175
롤러코스터 _ 176
기도 _ 177
지우개 _ 178
어버이날 _ 179
그녀 _ 180

시인

1987년 8월21일 경기출생
평촌 정보산업고등학교 졸업
2018년 「국제문학」 신인상 등단
2018년 시집 「우리함께」 출간
과천 장애인복지관 소속

―――

열심히 시를 썼습니다. 나의 시가 여러분의 마음을 따뜻하게 해주면 좋겠습니다. 많이 읽어주시고 언제나 함께하는 우리가 되기를 소망합니다. 감사합니다.

그림일기

눈을 감고 있으면
머릿속은 도화지가 된다

무엇을 그릴까
상상을 하다가
복지관 가족을 떠올린다

아픔이 없는 곳에서
꽃처럼 해처럼
모두가 행복한 모습이다

눈으로 그린 그림은
나만 볼 수 있어서
참 아쉽다

문원의 별 헤는 밤

알롱알롱 달콤하게 빛나는
문원의 별 헤는 밤
춤추고 노래하다 보면 모르는 사람도
솜사탕으로 뭉쳐지는 밤
함께 손잡은 얼굴마다 별이 되는 밤
하늘의 별보다 더 빛나게
문원동 마을에도 별이 떴어요

아름다운 실습 선생님들

풋풋한 여름 사과향이 나네요
따가운 볕에 여물어가는 초록사과
힘들고 지쳐도 푸른 향기 가득한 선생님들
우리와 함께해 주셔서 고맙습니다
사과를 볼 때마다 생각날 거예요

여름 수박

공 같은 수박
덩굴덩굴 굴러서 내게로 왔다

겉에는 나뭇잎 색 옷을 입고
반을 자르면 속에는 자두 같은 빨간색

빨간 수박이 시원하다
더위를 굴려서
밖으로 날려버리나 보다

여름휴가

와우 바다로 떠나요
저 푸른 파란색들이 노래하면서
하늘 위에서 쳐다보네요

아이들은 첨벙첨벙 물놀이하고
나는 저 하늘 새처럼
버리버리 물장구 쳐요

여름날씨

보글보글 더운 날씨
매미가 덥다고 소리 지른다
가스레인지 불꽃처럼 타오른다
에어컨도 덥다고 더운 바람을 내뿜고
저 하늘도 축 늘어졌다

경국 선생님

파란 하늘 같고 푸른 땅 같습니다
하늘처럼 파란 미소로
풀잎처럼 푸른 눈빛으로
손님을 맞이합니다

포근한 얼굴을 보면
사람들도 포근해집니다

운명

나뭇잎이 하나씩 땅바닥으로 떨어진다
땅바닥은 나뭇잎의 운명이다
그 사람을 보면 나뭇잎이 생각난다
저 멀리 있는 운명이 나는 나뭇잎이라 생각한다
나뭇잎이 내 마음 바닥으로 떨어진다

처음 만난 선생님

꽃 중에서 장미 같다
장미 향기가 멀리멀리 퍼지면
사람들은 장미 곁으로 모여든다
처음 만난 선생님은 시를 얘기할 때면
장미 백 송이 같다
백 송이 미소가 향기롭다

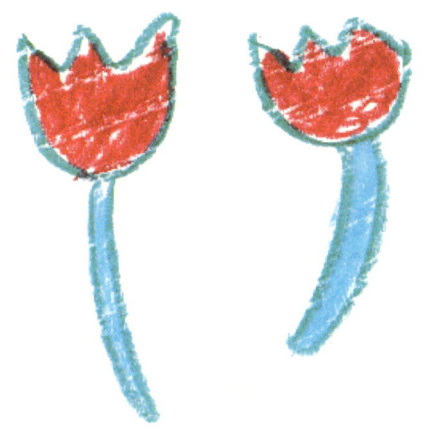

마지막 수업

마지막 이별에 눈물 있다
왜 눈물이
그 분이 내 눈에 남아 있다
이별이란 말은 안 쓴다
다시 올까 해서 이별은 안 쓰고 눈물이다
눈물이 줄줄
휴지로 닦아내고
이별이라고 말하지는 않는다

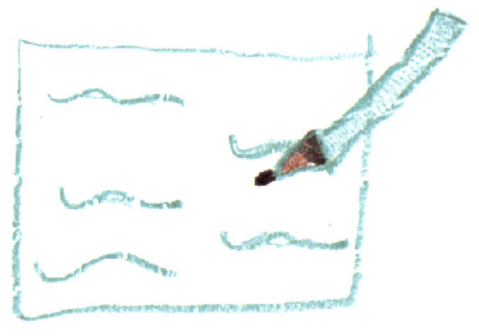

조리사님들

항상 아름다운
조리사님들입니다

뜨거운 주방에서도
시원한 미소를 날리죠
힘들다고 생각되는데
힘든 내색을 안 하고

불꽃천사처럼
점심과 간식을 해주시는 분들

세상 그 어떤 꽃보다 아름다워요

마른장마

숨쉬기 힘들 만큼 공기가 뜨겁다
비 소식을 기다린다
구름이 있나 하늘을 보면 파란색
파란색이 이렇게 미울 때가 있다
조그만 구름이 있어도
사람들은 비 소식을 기다린다
기다리는 비 소식은 멀기만 하다
나무와 꽃이 물 달라고 입술을 내민다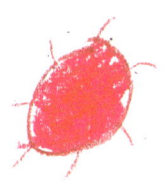
태풍이 오면 나무도 꽃도 물을 많이 마실까
목마른 꽃잎이 까맣게 타버렸다

해피박스

박스 안에 보물이 들어있다
박스를 열면
또 작은 박스가 나온다

해피는 미소라고 하고
박스는 모두라고 한다

선물로 포장한 모두의 마음이
박스 안에 들어있다

내 마음의 무지개

내 마음에도 무지개가 뜬다
알록달록한 친구들
함께 밥도 먹고
공원에도 놀러가고
재잘재잘 떠들면 기분이 좋아진다
친구들이 없으면 캄캄한 밤 같다
해처럼 웃는 예쁜 얼굴은
하늘이 준 선물이다

가을

하늘이 높아지고
마음이 설레는 가을이다

단풍잎은 내 마음속 같다
자꾸만 생각나는 얼굴이 있어
마음이 붉게 탄다

바람에 날리는 나뭇잎엔
빨갛게 노랗게
물들고 싶어지는 가을이 있다

꿈

내 마음은 파란색
무엇을 생각해도
잠들면 파랑파랑 꿈을 꾼다

새가 되었다가
물고기가 되었다가
나비가 되기도 한다

꿈속에서는
무엇이든 다 될 수 있다

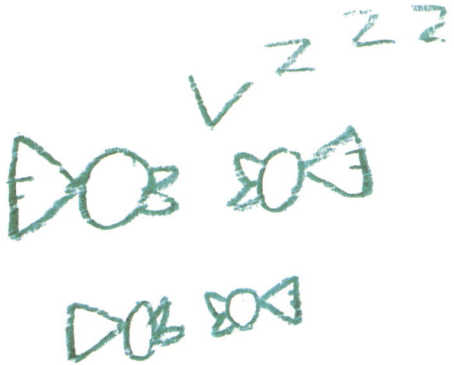

기적이 일어났다

내 시가 물통에 새겨졌다
지우개로 지워도 지워지지 않는다

신기하다
선생님이 마술을 부렸나

물통을 가지고 다니며
나는 목이 마를 때마다 시를 마신다

재록이의 생각

보름달을 보며
사람들은 소원을 빈다

사람들 중에는 나를
장애인이라고 놀리는데
달이 내 소원을 들어줄까?

선생님은
달은 차별하지 않고
모두의 소원을 들어준다고 한다

내 꿈은
사람들 앞에서
우리도 똑같이 할 수 있다는 것을
보여주는 것이다

시를 쓰면 자신감이 생긴다
모두가 행복해지는 시집을 만들어
우리는 함께 라는 것을
얘기해 주고 싶다

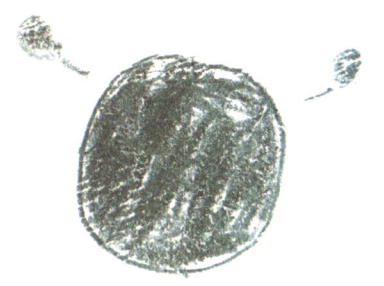

산책

날씨가 좋으면
나는 집밖으로 나온다

여기저기서 사람들이 모여드니
마치 지구볼 같다

지구 한 바퀴 돌고나니
동네가 다 보인다

언덕

달리고 싶어도 달리지 못하는
언덕이 있다
마치 미끄럼틀 같다
올라갈 땐 힘들게 올라가고
내려올 땐 쉽게 내려온다

나는 꽃꽂이도 배우고
바리스타도 배우고
보조기도 배우면서
나의 길을 힘들게 오르는 중이다

조금만 참으면 언젠가는 웃으며
언덕을 내려올 것이다

천사

아이들의 노래에서
천사의 목소리가 들려요
소리에 날개를 달고
내 귓속으로 들어오지요
맑은 물속처럼
반짝반짝 흐르는 소리들
내 마음에 가득 담아놓아요

단풍나무

나무가 빨갛게 물들어요
나무끼리도
서로 사랑을 하나봐요

왜냐하면
사랑하는 사람 앞에선
부끄러워서 얼굴이 빨개지니까요

나는 그가 보고 싶다

멀리 있어도 그를 생각한다
나에게 보석 같은 사람
나에게 행운 같은 사람
그는 너무 멀어서 갈 수 없는
우주 같은 곳에 있다
그런데도 그가 보고 싶다
지금도 어디에서
날 보고 있는 것 같다

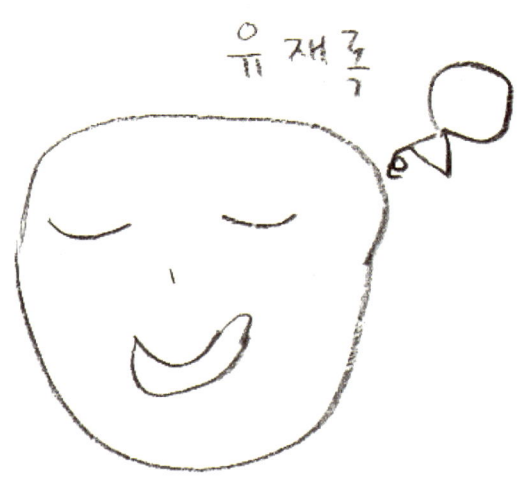

깨끗한 마음

비 내리고 나면 공기가 깨끗하다
세상의 먼지를 씻어주니까
하늘도 더 파랗고
나무도 더 푸르게 보인다
아침에 교회를 다녀왔더니
내 마음의 먼지도 씻겨나갔나
장난치는 우종이가 어제는 미웠는데
오늘은 다시 예뻐보인다

새 직장

일반취업으로 가게 된 푸드점
많이 긴장됐다
처음 만난 지점장님은 참 친절했다
금세 내 마음이 따뜻해졌다

힘들다고
투덜거리는 아줌마 옆에서
나는 손바닥이 다 까지도록
그릇을 닦았다

반짝거리는 수백 개의 그릇들
나도 할 수 있다는 것을 보여주었다

거울 속 파도

아침에 머리를 감고 거울을 보면
곱슬머리가 찰랑찰랑 파도를 친다
파도는 내 머리를 흔들어 깨운다
게으른 졸음을 탁탁 털 때마다
튀어 오르는 물방울이
유리처럼 정신을 맑게 한다

첫 출근하는 날

설거지를 하면서 마음도 닦는다
너무 힘들어서 못할 것 같았는데
꾹 참고 하니까
하루가 금방 지나간다
처음 보는 사람들이
힘내라며 힘을 합쳐 일을 도와준다
또 모두가 한 식구가 되었다

아기 조약돌

해변 가에
모여 사는 조약돌
살결이 아기처럼 보드랍다

조그만 손을 굴려
모래 위에 써 놓은 내 이름
동글동글 목걸이 같다

목걸이를 자랑하려고
바다는 계속 파도를 친다

나는 옆에서
찰칵찰칵
기념사진을 찍는다

저녁

밤이 되니까
바람이 쌩쌩분다
사람들은 두꺼운 코트와 잠바를
입고 다닌다
거리를 걸으며 불빛에 비치는
여러 모습들을 보다가
찬 바닥에서 자는 사람을 보았다
이불도 없이 얼마나 추울까
얇은 옷이 슬퍼 보인다

버려진 강아지

미니강아지를 사람들은 좋아한다
귀엽다고 비싼 돈을 주고 사기도 한다

하지만 사람들은
병이 들었다고 버리고
키우기 힘들다고 버리기도 한다

아파트를 지나다가
쓰레기봉투 안에서
강아지 우는 소리를 들었다

버려진 강아지들이 불쌍하다
강아지를 사랑해 주라고
사람들 마음에 천사를 보내 주고 싶다

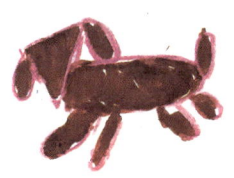

내 친구 우종이

착한 우종이는
내 마음 속 나비다

무엇이든 잘 도와주고
다른 사람들에게 배려를 잘 한다

슬프거나 힘들 때
우종이는 날개를 달고
내 마음속으로 날아든다
참 행복하다

우리는 한 가족

복지관에 가면
할머니는 나를 딸이라고 불러요
동생들은 나를 언니라고도 부르고
누나라고도 부르지요

복지관에는
엄마도 있고 동생도 있고
우린 모두 가족으로 통해요

힘든 일이 있을 땐
토닥토닥 등도 두드려 주고
맛있는 거 있으면 서로 나눠먹지요

마음으로 다가가면
복지관엔 언제나 웃음꽃이 피지요

별들의 밤

별이 반짝인다
멋지고 잘 생긴 아이돌이
무대 위에서 춤추고 노래하는 밤이다
노래로 채워가는 세상은 참 아름답다
내 마음은 참을 수 없는 기쁨으로 가득 찬다
친구 손을 꼭 잡고 마음 안에 별을 쌓는다
소년이 그리운 밤이면
별들이 추억을 꺼내어 하늘 가득 시를 쓴다

이모와 선인장

아픈 이모는
햇빛을 못 보고 있다
침대 옆에서 선인장이
이모를 지켜준다
선인장에 꽃이 피던 날
꽃을 보며 이모가 웃었다
아픈 사람에겐
꽃이 약이 되기도 한다

지우개

아픈 이모 때문에 엄마가 힘들다
천사지우개가 있으면 좋겠다
이모의 병을 지우면
엄마의 속상한 마음도
송골송골한 내 마음도 다 지워질 것이다

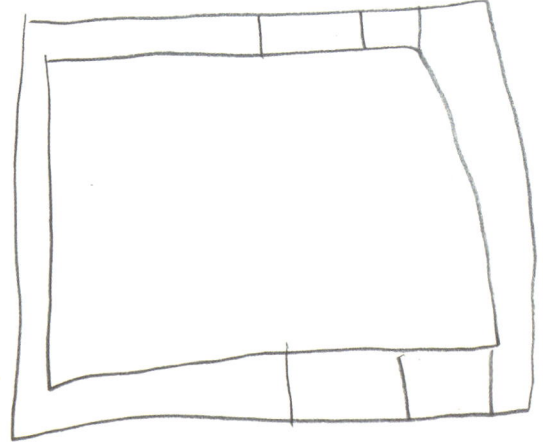

달력

비행기처럼
달력도 빨리 지나간다
한 장씩 없어지더니
이제 한 달만 남았다
날짜는 발이 없어도
잘 달려간다
올해도 잘살았다

첫눈

첫눈 오는 날
첫사랑을 만났다
나하고 사귈래? 하고 말하는
그 사람의 얼굴이 눈꽃처럼 빛났다
포근한 마음이 다가와 고백을 받아주었다
두근거리는 마음이 눈송이 사이로 날아다녔다

선물

선물은 마음이다
따뜻한 마음을 받은
아이의 얼굴에 환한 미소가 번진다
미소로 마음을 나누다 보면
매일 선물이 넘쳐난다

연말

달력 앞에서 엄마는 한숨을 쉰다
엄마의 이마에 주름이 생긴다
나는 어른이 되어가는 것이 즐거운데
엄마는 나이 먹은 것이 속상한가 보다
나는 새해 소망에 부풀어있고
엄마는 12월의 마지막을 아쉬워한다
엄마가 송년 모임에 나가면
한 해가 저물어가는 것이다
종소리 울리며 내년이 다가온다

새해

해가 바다 위에 떠올라
새해 인사를 건넨다
해를 가슴에 품고 소원을 빌면
내 마음 다 안다고
해가 환하게 웃는다

그림자 따라오는 저녁

나를 따라오는 그림자가 있다
발소리도 없이
내 곁에서 숨바꼭질을 한다
숨어서 나를 지켜주는 그림자
밤길을 걸어도 무섭지 않다

봉사하는 날

빨래에서
강아지 냄새가 난다
몸이 불편한 할머니의
기침이 옷에 잔뜩 묻어있다
어디가 얼마나 아픈 걸까
나쁜 병이 빨리 나으라고
하얀 비누로 옷을 박박 문지른다
오래된 기침이 비눗물에
뽀글뽀글 씻겨나간다
햇빛에 마르는 빨래를 보면
우울한 마음도 뽀송뽀송해진다

바람

꽃샘바람이 분다
나무가 나무를 안고 있다
다치지 말라고
아기 싹을 두 팔로 품는다
따뜻한 마음이 봄을 깨운다

가방

내 등에는
큰 입이 달려있다
입안에는
나만의 비밀들이 가득하다
아무에게나
속을 보여주지 않는다
입 꾹 다물고
내 비밀을 지켜준다

소금 눈

눈이 내린다
소금처럼 쏟아지는
하얀 알갱이
눈 깜빡할 사이에
내 눈 속에서 사르르 녹는다
눈물에서 짠맛이 난다

얼음 공

길바닥에 놓인 눈덩이
아이들이 발로 차며 축구를 한다
이리 구르고 저리 구르고
아픈 만큼 녹아버리는 눈
울면서 사라진다

설레임

브런치 카페에 갔다
내 마음이 파도를 탄다
내 눈 안으로 빵들이 헤엄쳐 온다
올록볼록한 치즈빵을 먹으며
파란 설렘이 출렁인다
입가에 웃음이 번지고
설렘은 행운으로 다가온다

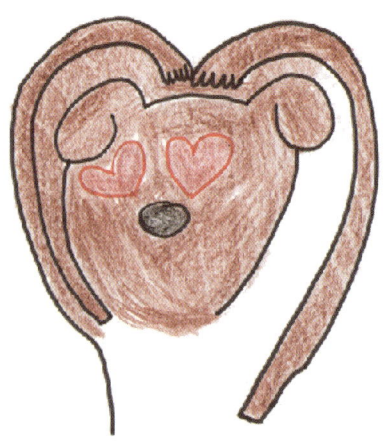

미세먼지

지구가 탈이 났어요
하늘이 노랗네요

지구가 아프면
사람들도 아프지요

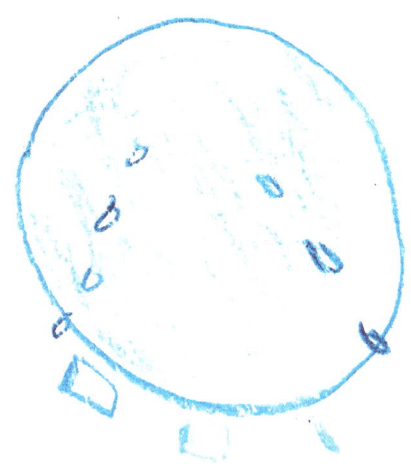

안경

세상을 보여주는 안경
눈이 참 시원하다
잘 안 보이던 얼굴이
또렷하게 보인다
안경만 썼을 뿐인데
안개처럼 보이던 것들이 다 보인다

춤추는 벚꽃

봄만 되면 벚꽃은
축제에 초대를 받는다

분홍드레스 입고
뱅글뱅글 춤을 추면
사람들은 박수를 치며 환호한다

꽃잎이 춤추는 봄은
모두가 축하하는 잔치의 계절이다

아름다운 천사

웃는 모습이 꽃 같은
나의 멋진 친구가 있다
나는 그의 따뜻한 마음씨가
사랑이라고 생각한다
나눔을 몰랐을 땐 나만 따라다니더니
지금은 나를 도우며 봉사도 한다
힘들어도 웃으며 일하는
착한 그에게서 꽃향기를 맡는다
나는 그를 천사라고 불러주고 싶다

수요일을 기다리다

알롱달롱 뮤지컬 연극을 기다린다
텔레비전에서만 보던 것을
우리도 한다고 해서 마음이 두근거린다
모든 게 신기하고 꿈만 같다
오늘 밤만 자면 수요일이다
설레는 마음이 보석처럼 선물 같다

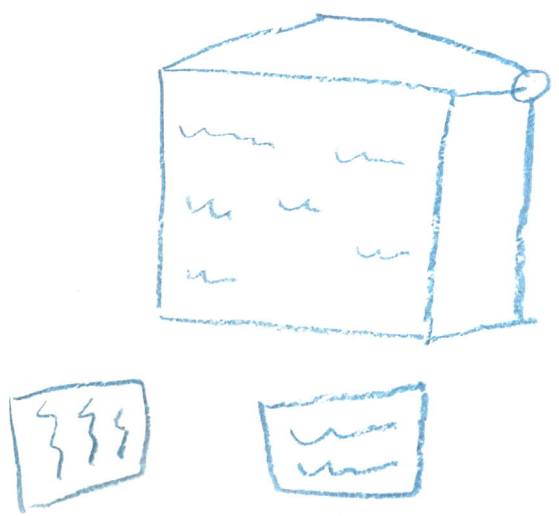

봄

봄은
아기 씨를 품고
후후
날개를 저으며 온다

살랑살랑 바람을 타고
나뭇가지에 앉았다가
풀밭에 앉았다가
땅에 떨어져 떼굴떼굴 구른다

봄이 앉은 자리에
환한 아기 얼굴이 피어난다

여권

오늘은 여권을 만드는 날이다
기분이 참 묘하다
나에게 여권이 생기다니...
비행기 타고
하늘을 난다는 생각을 하면
마음이 풍선처럼 커진다
구름도 만져볼 수 있을까
정말 솜처럼 부드러운지 궁금하다

엄마는 동그라미

내가 말을 안 해도
엄마는 내 마음을 다 안대요
내 표정만 보고도
어디가 아픈지
무슨 생각을 하는지
다 안대요
꼭꼭 숨겨도
엄마에겐 비밀이 없지요
엄마 품은
세상에서 가장 안전한
동그라미예요

의자

사람들은 공원을 산책하다가
힘들면 의자에 앉아서 쉰다
낡은 의자에겐 봉숭아엉덩이가
많이 무거워 보인다
여러 사람을 받치고 있으니
얼마나 힘이 들까
그래도 말없이 받쳐주니까
아픈 다리를 쉴 수 있다
의자가 없으면
사람들은 어디에 앉을까 생각하니
의자에게 고마운 마음이 든다

김우종
시인

1992년 8월4일 경기출생
과천 중앙고등학교 졸업
안양 맥도널드 근무
2018년 「국제문학」 신인상 등단
2018년 시집 「우리함께」 출간
과천 장애인복지관 소속

내가 쓴 글이 한 권의 시집으로 나와서 너무 기쁩니다. 시를 통해 꿈을 함께 나누며 누구든지 할 수 있다는 걸 알리고 싶습니다. 함께해주신 많은 선생님들께 감사한 마음을 전합니다. 많이 응원해주시면 고맙겠습니다.

한강공원

며칠째 비가 내렸다
오늘은 파란 하늘
한강공원에 꽃도 사람도 맑게 씻은 얼굴이다
금붕어 잉어가 맑은 햇살을 가르며
뽀리뽀리 지나간다
비가 내리고 맑은 날
모든 것이 맑게 씻은 파란 날

말복

말복이지만 더위는 아직 힘이 세다

시원한 얼음 갈아서
달콤한 팥을 올려서
팥빙수로 더위와 싸워본다

파란 하늘은
가을이 오고 있다 알리지만
땀이 줄줄 흐른다

마지막 더위 말복에
삼계탕 뜨겁게 먹으니 시원하다

여름도 다 끝나면 그리울 것이다
아이스크림을 먹으며

여름 기억을 붙든다

뭉게구름

뭉게뭉게 뭉게구름
시원한 바람이
구름 발끝까지 올라가네요

나도 뭉게구름 비행기 타고
하늘로 여행하고 싶어요

파란 하늘 날아다니며
땅을 내려다보고 싶어요

아웃백

광복절에 우리 가족은
아웃백에서 점심을 먹었다
쇠고기 스테이크도 먹고
런치 뷔페도 맛있었다
얘기를 나누니 더욱 맛있었다

거북이

여름처럼 뜨겁게 기어간다

물은 올챙이

올챙이는 물을 닮았다
물은 올챙이처럼 꼬물꼬물 기어간다
작은 파도는 올챙이가 기어가는 것이다

마지막 날에

오랜만에 만났는데
기쁨도 잠깐

마지막 수업이라니
눈물이 앞서지만

다시 만날 날을 기다립니다
겨울 끝 봄을 기다립니다

폭우

폭풍을 타고 온 커다란 비

물 먹은 바람이 시원해서 좋다

빗소리가 하루 종일 내린다

가을비

천둥 번개를 맞고
드디어 폭염이 물러났다
하루 종일 비가 내리니까
하늘이 파랗게 젖는다
목말랐던 땅도
벌컥벌컥 물을 마시며
더위를 씻어낸다
한참 기다린 가을
오래 있다가 갔으면 좋겠다

데이트

솜사탕을 사러간다
하나는 재록이 주려고 두 개를 샀다

함께 먹으면 더 달달한 솜사탕
재록이는 알까

솜사탕을 입에 넣고
싱글벙글 좋아하는 재록이

매일매일 사 주고 싶다

무지개떡

과천장애인복지관
7번째 생일 날

축하한다고
무지개를 보내준 하늘이
참 멋지다

달콤한 떡을 먹는 동안
사람들은 천사가 된다

서로 많이 먹으라며
얼굴 가득 무지개가 뜬다

복지관 생일은
우리 모두의 잔칫날이다

가을바람

아침부터 바람이
내 가슴으로 달려듭니다

내가 좋아하는 걸 어떻게 알았을까요

바람을 껴안고 신나게 출근합니다

무더운 날

풍당!
개구리가 연못으로 뛰어든다
수영복도 갈아입지 않고
아무 때나 수영을 하는 개구리는
얼마나 편하고 좋을까
덥다고 짜증도 안 부리고
날마다 개굴개굴 노래만 부른다
참 행복한 개구리

좋아하는 꽃

내가 제일 좋아하는 선생님은
장미를 닮았다
항상 마음을 기쁘게 한다
자꾸만 보고 싶어지는 선생님
선생님이 활짝 웃으면
나도 모르게 얼굴이 빨개진다

하트

내 마음엔 하트가 가득
칭찬 받을 때마다
핑크색 화살이 뿅뿅 날아든다
미소천사가 나를 따라다니며
하트를 준다
화살에 맞으면 얼굴도 빨개지고
가슴도 두근거린다
기분은 날아갈 것 같다

호빵

겨울엔 호빵이 생각난다
호빵을 맛있게 만드는 아저씨는
또 오라고 한 개 더 주신다

호빵 속에는
아저씨의 친절한 마음이 들어있어서
호빵을 먹으면
차가운 손이 따끈따끈해진다

초코케이크

혜정이 할머니가
초코케이크를 가져오셨다
케이크를 먹는데
친구들 얼굴이 빨간 사과 같다
나는 먹을 때가 가장 즐겁다
초콜릿과 생크림은 입안의 행복이다
사는 게 케이크처럼
언제나 달콤했으면 좋겠다

추석

보름달이 참 예쁘다
하늘을 만드신 하나님이 참 고맙다

달을 보며 소원을 빌었다
직장생활 잘 하게 해주세요
아픈 사람 고쳐주세요

달이 환하게 웃는 걸 보니
소원을 다 들어줄 건가 보다

꽃

길옆으로
강아지풀이 인사를 해요
나팔꽃도 활짝 웃지요
안녕, 반가워
여기저기서 손 흔드는 달맞이꽃
모두 가족 같아요
꽃들은 모여 있어서 더 예쁘지요

카푸치노

바리스타 수업이 있는 날
커피 잔 안에 하트가 방긋
내 마음속 사랑이 동동 떠다녀요
내가 만든 카푸치노를 보며
사람들은 사진을 찍고 즐거워하지요
그러면 신이 나서
심장이 마구 뛰어요
더 열심히 해서
꼭 멋진 바리스타가 될 거예요

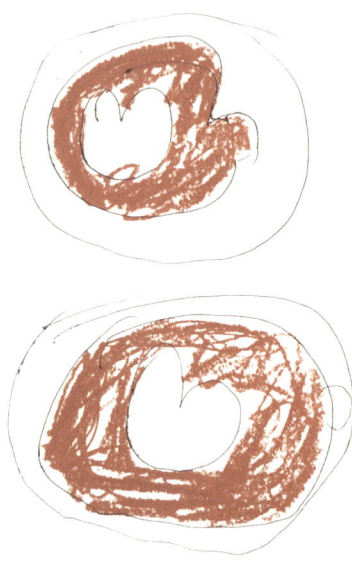

한글날

오늘은 한글날
세종대왕을 생각한다

한글을 만들어주셔서
내 생각을 맘껏 쓸 수 있다니
참 다행스런 날이다

휘갈려 쓴 내 글씨
오늘만큼은 정성을 다해 예쁘게 써야지

하늘보기

하늘을 본다
구름은 없고 파란 물만 가득찼다
한참 보고 있으니
내 마음도 파랗게 물든다

파란 하늘을 찍어 친구에게 보냈다
하늘이 예쁘다며
내 휴대폰으로 하트가 날아든다
내 마음에 햇빛이 든다

봄과 가을은

봄햇살은
가슴이 따뜻해지고
가을바람은
마음을 편하게 해요

나는 그녀를
봄이라고도 부르고
가을이라고도 부르지요

그녀와 함께 있으면
따뜻하고 편안하니까요

가을은 모든 잎이 꽃이되는 두 번째 봄이다

아기

방긋 웃는 아기를 보면
사람들도 따라서 웃는다
예쁘다고 방긋
귀엽다고 방긋
찡그린 얼굴이 활짝 펴진다
아기가 아름다운 세상을 만든다

경찰의 날

오늘은 경찰아저씨께
고마움을 전하는 날
참 아름다운 날입니다

나쁜 사람 혼내주고
도둑 잡느라 고생하는 아저씨들이
미소 짓는 날입니다

감사합니다
고맙습니다
사랑합니다

표창장 받는 날

어제 희망나래 장애인복지관에 갔다
열심히 근무해서 우수 근로상을 받았다

'위 사람은 평소 맡은바 업무에 최선을 다하고 타인의 모범이 되었습니다'

나에게 이런 날이 와서 감동이었다
너무 기쁘니까 눈물이 났다
모두에게 고맙고 감사한 날이었다

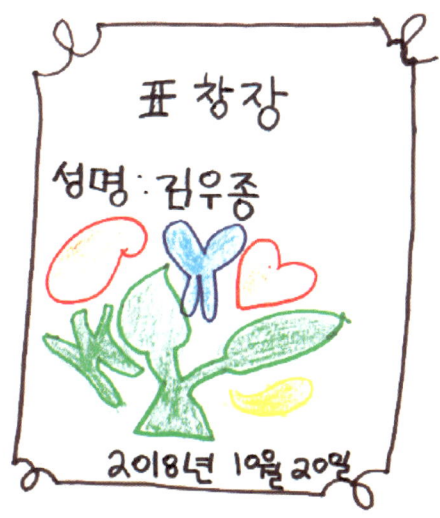

가을 사진

울긋불긋 예쁜 나무
찰칵! 소리에
빨갛게 익은 사과가
사진 가득
주렁주렁 열렸습니다

거울

거울을 볼 때마다
무엇을 입을까 고민을 한다
모자를 쓰면 더 멋질까
티셔츠에 청바지가 어울릴까
머리까지 신경 쓰다 보면
거울 앞에서 시간이 많이 걸린다
다 재록이 때문이다

흰둥이

나를 졸졸 따라다니던
흰둥이는
장난감도 좋아하고
자두밥도 좋아했지요
내 동생 같은 흰둥이를
시골로 보내고 나니
자꾸만 생각나요
새 식구가 좋아해 줄까요
밥은 잘 먹고 있을까요
많이 보고 싶고 궁금해요

아름다운 복지관

과천복지관은
푸른 하늘도 있고
나무도 있고
꽃도 있는 넓은 세상입니다

친구들과 모여서 농구도 하고
시도 쓰고 그림도 그리는
맘껏 꿈꾸는 세상입니다

좀 부족해도
잘 한다고 칭찬해 주고
괜찮다고 응원해 주니까
웃음이 넘치는 따뜻한 세상입니다

나무 의자

나무 의자를 보면
그냥 앉고 싶다
다리가 아프지 않아도
앉아서 쉬고 싶다
앉으면 편안한 느낌이 참 좋다
나를 기다렸다는 듯이
언제나 자리를 내어주는 의자
힘들 때 위로가 된다

송년의 밤

동그랗게 모여 앉은
친구들 모습이 달 같다

달을 환하게 켜 놓고
올해도 잘 가라고 인사한다

서로서로 축하하며
떡도 먹고 나이도 먹는다

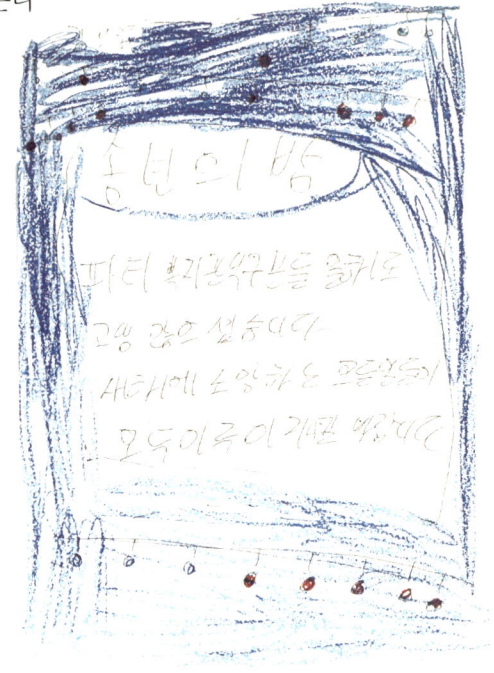

지우개

내 마음 안에
멋진 하나님 지우개가 있다
친구랑 다투고 나면
지우개로 엄청나게 지운다
내 고집도 지우고
미움도 지우고
화나는 마음도 다 지운다
그러고 나면 마음이 착해진다

나무그늘카페

나무그늘카페에 와서
커피를 마신다

캐러멜 마끼야또는
달콤하고 향기가 좋다

나는 착한 남기민을
만나는 것만큼이나
캐러멜 마끼야또를 좋아한다

달력

달력엔 숫자가 많다
나는 31일이 가장 좋다
내 월급날이기 때문이다
하지만 월급날은 늦게 돌아오고
쉬는 날은 빨리 지나간다

고양이

감자요리를 해요

고양이가 깰까봐
칼질도 살살하고
물도 살살 틀었는데
야옹하고 날 부르는 고양이

고양이가 날 닮았나 봐요
맛있는 냄새는 귀신같이 잘 맡아요

돼지 저금통

돼지 저금통은
동전을 먹고 살지요
잘했다고 500원
착하다고 100원
잘도 받아먹는 돼지
뚱뚱하다고 놀림 당해도
나보다 훨씬 부자예요

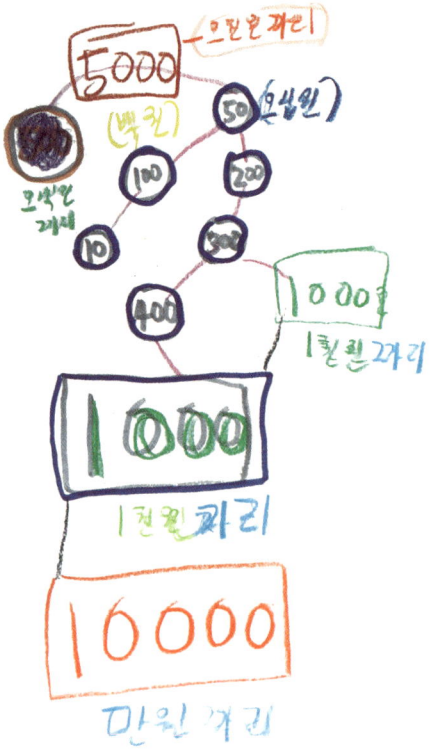

고마움

불쌍한 사람을 만나면
먼저 손을 내미세요
위로의 한 마디가
용기를 내도록 힘을 주지요
사랑만이 행복한 세상을 만들어요

새해

황금돼지 덕분에
새해가 번쩍번쩍 빛난다
맥도널드 앞에 사람들이 몰려들고
행운버거가 빵빵빵 터진다
새해부터 대박이다

사람들은

사람들은
만나면 반갑다고 웃지요
웃음이 모이면 하트가 돼요

사람들은
웃을 때가 가장 예뻐요
꽃보다 더 아름답지요

기도

내가 기도하면
하나님은
기도를 들어주느라
얼마나 힘드실까

고마우신 하나님
밤에는 쉬시라고

나는
일찍 자고
일찍 일어난다

바람

찬바람이 불어와
나무를 흔들어요
예쁜 꽃이 나오게 하려고
바람은 더 강하게 부나 봐요
콜록콜록 기침하며
봄이 오고 있어요

나의 하루

나는
남들보다 느리다
삐뚤빼뚤 써진 글씨 같다
눈 깜빡할 사이에
하루가 지나가 버렸다
하루는 어디로 사라졌을까

보름달

먼 산 위에 걸린 둥근달
예쁘게 웃는다
사진을 찍고 자세히 보니
재록이 닮았다

호박

나는 호박을 좋아한다
아플 때 먹어본 호박은
꿀맛이다
꽃 중에서도
호박꽃이 참 예쁘다
하지만 여자 친구한테
호박꽃 닮았다고 하면
엄청 혼난다

그녀

아침마다
그녀는 굿모닝 하고 인사해요
해바라기 같은 그녀에게
보고 싶었다고 하면
해처럼 환하게 웃어주지요
날마다 만나는 그녀가 있어서
사는 게 행복해요

사순절

교회에 꽃이 들어왔다
시들시들한 꽃에게
물을 주니까 활짝 살아난다

사순절을 맞아 목사님이
예수님 고난에 대해서 설교하셨다
시무룩해 있다가도
하나님 말씀을 들으면
꽃처럼 다시 생기가 돈다

화이트 데이

오늘은
재록이 사탕 주는 날
달콤한 내 마음을
듬뿍 넣었다

사탕을 물고
볼이 불룩한 재록이
맛있게 나의 사랑을 먹는다

풍선

사랑을 하면 마음이
하늘에 둥둥 떠 다녀요
구름 마차를 타고
뭉게뭉게 피어나는 하트
하늘 끝까지 이어지라고
서로 손을 꼭 잡고
무지개다리를 놓아요

잔소리

아침부터 폭탄을 맞는다
"밥 똑바로 먹어"
"잠바 입고 나가"
"차 조심해"
맨날 듣는 소리가
너무 지겹다
이래라, 저래라
엄마의 잔소리는 끝이 없다
나를 위하는 거지만, 가끔은
"네 알았어요"라고 대답하고
너무 속상해서 운다

벚꽃

벚꽃을 보면
느낌이 좋아
화사한 신부 같아
예쁘고
아름답고
날 즐겁게 해
분홍 드레스도
맘에 들어
바람에 날리면
가슴이 막 뛰니까

개나리

개나리는
노란색을 좋아하지요
햇빛 중에서도
노란색만 골라 먹어요
골고루 먹지 않아서
아기 손 같은 개나리
나무 위를
아장아장 걸어가요

계란 볶음밥

계란볶음밥을 만든다
김치와 계란이 만나서
지글지글 볶는 소리가 난다
완전 찰떡궁합이다
고소한 냄새만 맡아도
군침이 돈다
혼자 먹는 밥인데도
엄마가 만든 호박볶음보다
훨씬 맛있다

새 신발

나이키를 신으니까
기분이 좋다
만나는 사람들도
멋지다고 칭찬해 준다
나는 신이 나서
더 힘차게 걸어 다녔다
야구장에도 가고
마트도 가고
복지관도 가고
참 많이 돌아다녔다
그래도 새 신발은 쌩쌩하다

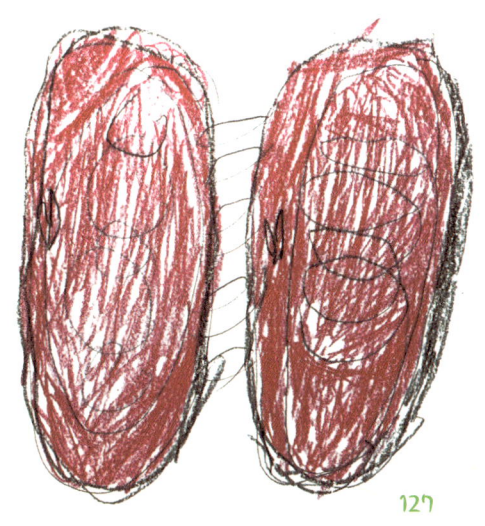

미세먼지

중국에서
날아온 먼지 때문에
골치가 아프다
눈도 따끔거리고
마스크를 쓰면
숨 쉬기도 답답하다
하늘에다가
공기 청정기를 달면 어떨까
먼지가 심할 땐
중국을 통째로 싸서
지구 밖으로 던지고 싶다

선물

어버이날 선물로
부모님께 돈을 드렸다
엄마는 오월의 햇살처럼
환하게 웃으신다
적은 돈인데도
내가 드리는 돈은
무척 기뻐하신다
돈 버는 일이 힘들다 보니
자식이 돈을 버는 게
신기한가 보다

스승의 날

스승의 날
노래를 부르다가
눈물이 났다

우리를 잘 도와주고
사랑해 주시는 선생님은
마음이 참 따뜻하다

천사 같은 마음으로
부족한 나에게
자신감과 용기도 준다

고마운 선생님은
우리와 한가족이다

시인

1997년 8월21일 경기출생
과천고등학교 졸업
과천 구세군요양원 근무
2018년 「국제문학」 신인상 등단
2018년 시집 「우리함께」 출간
과천 장애인복지관 소속

울적할 때 도서관에 가서 시를 읽으면 마음이 좋아지곤 했습니다. 사람들이 시를 통해 힘을 얻고 즐거운 마음으로 생활했으면 좋겠습니다. 많이 읽어주시고 모두 힘내세요. 사랑합니다.

구름

맑은 구름이
솜사탕 같아라
먹고 싶어라
하늘이 구름이고
구름이 멋진 하늘이다
하늘 한입 베어 물고
달콤함에 빠진다

비

날씨가 흐린 건
구름이 많이 아프다는 거다
하루 종일 운다

태풍

천둥 번개가 치더니
갑자기 캄캄해진다
굵은 비에 맞서서
나무들이 쓰러질 것 같다
우리 아빠처럼
그동안 하늘도 스트레스를
엄청 받았나보다

소나기

요양원 가는 길에
갑자기 비가 쏟아진다

머리부터 신발까지
다 젖었다

먹구름이
내 마음을 흐려놓았다

이럴 땐 우산 같은
사람이 있으면 좋겠다

기도

병원에 누워 계신 우리 엄마
달맞이꽃보다도 더 예쁘지요
빨리 병이 나아서
엄마가 좋아하는
바다도 가고 산에도 가고
백화점도 가게 해달라고
하늘의 별만큼 매일 기도해요

별

별들은
어두워져야 눈을 떠요

바닥에 누우니까
까아만 하늘이 보여요

한참을 보고 있으면
내 눈 속에도
별이 뜨지요

잠은 안 오고
눈이 더 초롱초롱해져요

얼굴 꽃

꽃가게에 가면
꽃들이 사람 얼굴 같다
그 중에서 장미꽃은 선생님을 닮고
백합은 엄마를 닮았다
나는 무슨 꽃을 닮았을까
친구한테 물어봐야겠다
대답이 무척 궁금해진다

거울

내가 춤추면 따라서 춤추고
내가 화장하면 따라서 화장하고
나만 따라하는 거울

외로울 때는
더 많이 거울을 본다
그러면 나는 혼자가 아니다
나를 보고 웃어주는 고마운 내가 있다

가을 찍기

폰에다가
찰칵 찰칵 가을을 담는다

노랗게 물든 은행잎도 찍고
도토리 주워 먹는 다람쥐도 찍고
바닥에 떨어진 낙엽도 찍는다

폰을 켤 때마다
예쁜 가을이 바스락거린다

루피

나만 보면 반갑다고
꼬리치던 루피가 이젠 없다
동물병원이 있는데도
강아지는 왜 빨리 죽는 걸까
너무 슬프다
오래 사는 약이 있으면 좋겠다

시 수업 하는 날

복지관에
동그랗게 모여 앉아
시를 배워요

떠듬떠듬 시를 읽는
우종오빠는
도토리 까먹는 다람쥐 같고요

옆에서 키득키득 웃는
은희 언니는
귀여운 토끼 같아요

웃음보 터진 재록 언니는
너무 웃어서
얼굴이 빨강 동글 사과 같지요

웃다보면 시 한 편
뚝딱 써져요

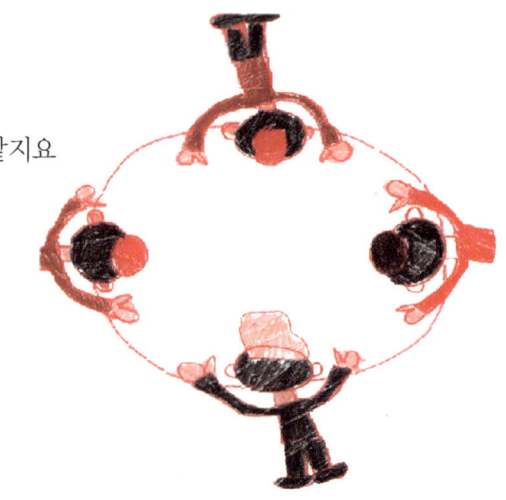

오래된 의자

의자가 낡아서
삐거덕 소리가 난다
기울어진 한쪽을 똑바로 세워도
다시 기울어진다

힘든 일을 하시는 아빠도
한쪽 어깨가 기울어져 있다
어깨를 주물러 드려도
내일이면 또 기운다

지우개

길쭉한 지우개가
스트레스를 받으면
나쁜 생각을 지우느라
몽당연필처럼 된다
지우개를 많이 쓰면 슬픈 날이고
적게 쓰면 행복한 날이다

함박눈

하늘로 올라간 새들이
솜사탕을 뿌린다
만지면 사르르 녹아버리는 눈송이
힘든 마음이 달콤해진다

할머니

이마트에 갔다
할머니가 요즘 유행하는
롱 패딩을 사주셨다
무진장 입고 싶었던 옷이라서
기분이 날아갈 것 같다
바람이 세게 불어도 이젠 끄떡없다

고마운 우리 할머니
오리털보다도 더 따뜻하다

그림자

그림자가 자꾸만
내 뒤를 따라와요
혼자서는 심심한가 봐요
내가 뛰면 따라서 뛰고
내가 앉으면 따라서 앉고
어쩌다가 속상해서 울 때면
그림자도 따라서 울지요

꽃밭에서

벌과 나비가 숨바꼭질해요
개나리 뒤에 숨은 노랑나비
여기도 노랑 저기도 노랑
윙~윙
나비를 찾아 헤매는 벌은
언제나 술래지요

휴대폰

휴대폰이 고장났다
넘 심심해
뭘 해도 재미가 없다
답답하다
중독인가

날씨

아침부터
귀가 시리다

바람이 차가운 하늘
해는 어디로 숨어버렸나

쌀쌀맞은 날씨에
내 마음도 움츠러든다

봄

봄은 심술꾸러기
추웠다 더웠다
골탕을 먹인다

멋 부리고 나갔다가
꽃샘추위에
콧물이 줄줄

짓궂은 날씨에
내 기분도
좋았다 나빴다

그래도 나는
해마다 봄을 기다린다

버스

버스를 타고 출근을 한다

새벽에 일어난 버스는
언덕을 오르느라
덜컹덜컹

아침 밥 못 먹은
내 배는
꼬르륵 꼬르륵

흔들흔들
휘청휘청
매일 아침 전쟁이다

벚꽃 핀 날

카페에 앉아
커피를 마시며 창밖을 본다
벚꽃나무 아래서 사람들이 환하게 웃는다
예쁜 모습을 하고 사진도 찍는다
꽃이 날리는 날에는
분홍 립스틱 바르고
향수도 뿌리면서
모두가 예뻐지고 싶어한다
사람과 꽃 중에 누가 더 예쁠까

마음

하늘이 맑으면
내 마음도 맑아진다
봄바람이 불면
나비처럼 날고 싶은 마음이다
비가 오는 날엔 마음이 가라앉는다
마음은 날씨 따라 잘 변해서
믿을 수가 없다

봄비

봄비가 내린다
빗방울에서 실로폰 소리가 난다
또로록 또로록
악기에 맞춰 춤추는 새싹들
꿈틀꿈틀 자라는 소리가
바람 타고 노래처럼 들려온다
기분 좋은 봄날엔
무지개 우산도 꽃처럼 보인다
자동차 소리도 음악 같다

지구

동그란 지구 안에는
많은 나라들이 있다
엄청 큰 바다도 많다

지구가 돌면
바다가 쏟아지지 않는 게
참 신기하다

나라가
뒤집히지 않는 것도
신기하다

나는 가끔
이유도 없이 어지럽다

아마도 지구가
돌기 때문인 것 같다

어머니 손

아플 때
내 배를 쓰다듬어 주시고

배고플 때
맛있는 음식을 차려 주시고

힘들 때
내 손을 잡아 주시던
따뜻한 손

지금은 손 놓으시고
병원에 누워만 계시지요

나 때문에 아프신 것 같아
엄마에게 늘 미안합니다

시인

1994년 1월 22일 서울출생
영락유헬스고등학교 졸업
2018년 시집 「우리함께」 출간
티페이 근무
과천 장애인복지관 소속

처음 책이 나온 지가 엊그제 같은데 벌써 두 번째 시집을 출간하게 되었습니다. 나의 아픔을 한 편 한 편 읽을 때마다 책을 읽는 여러분이 무슨 생각을 할까 많이 떨립니다. 두 번째 시집을 통해 더욱 성장한 모습 보여드리겠습니다.

문신

가슴 한 곳에 새겨 놓은 문신
가슴 한구석에 박힌
마음의 상처를 닮았다

문신은 예쁘기라도 하지만
모양도 삐뚤 생각도 삐뚤
마음 속 상처는 삐딱선을 탄 아이

문신처럼 예쁘다면
보듬고 안아줄 텐데

지우고 싶을 때
지울 수 있는 지우개가 있다면
그리고 싶은 대로
그릴 수 있는 물감이 있다면

사랑하는 이

스승과도 같고,
아픈 상처와도 같고,
포근한 이불과도 같고,
안식처와도 같고,
때론 약과도 같은 이

그 이름 나의 엄마

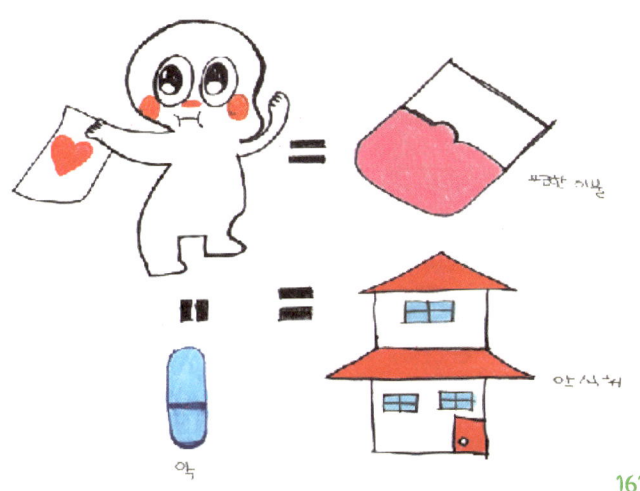

하늘

맑은 하늘에
비가 내리기 시작한다

밤사이 무슨 일이 있었기에
갑자기 이리 슬피 우는 걸까

우는 하늘을 보면
나를 보는 거 같아
내 마음이 흐려진다

하늘에 손을 내민다
서로 손 꼭 잡고
서로 위로할 수 있다면
얼마나 좋을까

향수

지치고 힘들 때
눈물이 난다

가장 먼저
떠오르는 엄마

따뜻한 품에
딱 한번만이라도
안겨봤으면.......

친구

비 내리는 날
길가에 버려진 돌멩이 하나
어쩌다가 혼자가 된 걸까

엄마를 잃은 아이마냥
얼마나 무서우면
꼼짝도 하지 않고 울고 있다

불쌍한 돌멩이

춥지 않게
꼬~옥 안아주었더니
방긋 웃어주는 돌

이제 우린 친구다

뿅! 뿅! 뿅!

좋아하는 마음이
커질 때마다
내 마음에 하트가 뿅! 뿅! 뿅!

그가 옆에 있으면
가슴이 두근두근

어쩌지 어쩌지
심장이 멎을 것 같아

내가 좋아하는 가수의 노래를 들을 때면

꿈을 꾸는 기분이다
그들과 함께 공연을 하는 기분이다
그들과 데이트를 하는 기분이다
그들의 팬 사인회에 와 있는 기분이다
세레나데를 받는 기분이다
달콤한 연애를 하는 기분이다
마음이 진정 되는 기분이다

핼러윈 축제

정문에선 호박 벌룬과 뿔 달린 공룡이
후문에선 빨강 뿔과 검정 뿔 달린 벌룬이
어린 손님들을 맞이해 준다
양손에 엄마 아빠 손잡은 아이들
룰루랄라 웃음꽃이 핀다

문득, 어릴 적 생각이 난다
나는 늘 할머니 손을 잡고 다녔다
엄마가 없어서 어디를 가도 신이 안 났다

할머니를 위해 애써 웃음을 보여야 했던 나

놀이공원에서 일을 하다 보면
종종 할머니와 온 아이들을 본다
다가가서 가장 큰 풍선을 달아주고 싶다
가장 높이 날게 해주고 싶다

웃음 바이러스

조용한 사무실에 걸려온 전화 한 통
내 앞에 앉은 남자 직원이
"도시가스 요금 나오시면 연락주세요"라는 말에
웃음이 빵 터졌다

그날부터 그 직원만 보면 웃음이 난다
아무 말 안 해도 웃음이 난다

길동무

하늘을 쳐다보니
구름이 가득하다

내가 걷기 시작하면
구름도 같이 걷고

걸음을 멈추면
구름도 같이 멈춘다

눈을 맞추면
시치미 뚝 떼는 장난꾸러기

즐겁게 놀다 보니
어머나,
벌써 집이네?

시계

똑 딱 똑 딱
시계는 쉬지 않고
밤낮없이 일만 한다

밤늦도록
나만 기다리며
잠 못 드는 시계

우리 할머니

이어폰

퇴근길
음악을 듣는다

내 기분도 몰라주고
이어폰이 말썽을 부린다

자꾸 옷 지퍼에 걸리고
귀에서 떨어지고

기계도 주인 닮아
스트레스를 받나 보다

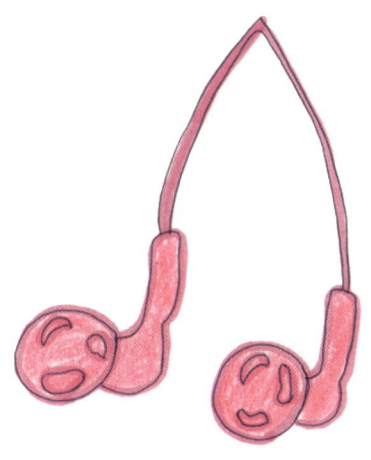

콩나물

사랑의 말로 물을 주면
쑥쑥 크는 콩나물
참 신기해요

어릴 적부터 나는
"넌 살기 힘든 아이야!"라는 말을
듣고 자랐죠

아무것도 할 수 없다는 생각에
우울한 날들이었어요
어둠만이 나의 안식처였죠

콩나물처럼 쑥쑥 크지 못한
내가 세상에서 가장 듣고 싶은 말
"넌 할 수 있어"

엄마도 아빠도 그 누구도
해주지 않은 말이죠

기다림

캄캄한 거실
덩그러니 벽에 걸린 시계

몇 시간이 흘러도
울음을 그치지 않아요

정적이 흐르면
더 크게 울죠

누군가를 향해
잠시도 멈추지 않는 마음

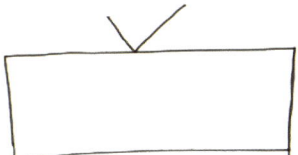

날마다 벽에 기대어
현관문만 바라봐요

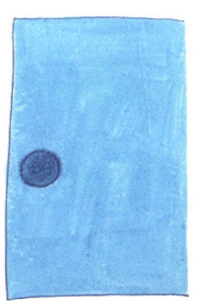

사인회

복지관 생일을 맞아
시집 발간하는 날

사람들 틈에서
심장이 두근두근

내 마음도 모르고
책 속에서 우쭐거리는
내 이름

후! 숨을 내쉬어도
부끄러워
자꾸만 빨개지는 내 얼굴

겨울나무

아파트 입구에
플라타너스 나무가 서 있다
추위와 바람을 이기지 못하고
모두 떨어져 나간 나뭇잎들
바람에 뒹굴며
각자의 길로 흩어져 간다
그저 바라만 보고 있는
불쌍한 나무
오늘도 나무는 홀로 견딘다

롤러코스터

안전바를 내리고
출발을 기다린다

Three.. two.. one..

굉음을 울리는 출발에
두려움이 몰려든다

순식간에
오르막이었다가
내리막이었다가
다시 평행선을 달리는 롤러코스터

나를 흔들던 고비의 순간들이
빠르게 스쳐지나간다

살아내기 위해선
무서움을 견뎌야 한다

내가 포기하지 않는 한
롤러코스터는 멈추지 않는다

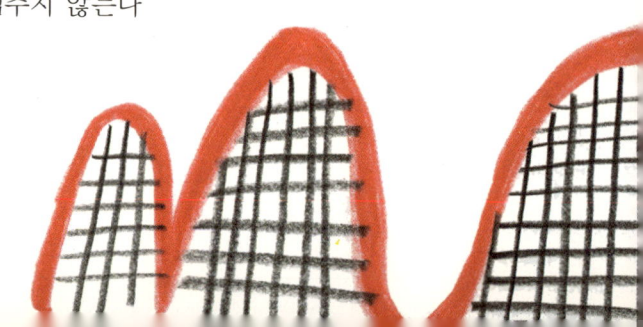

기도

나의 기도는
좋은 집에서 사는 것이었고
최고의 수화통역사가 되는 것이었으며
빛나는 신인작가가 되는 것이었죠
주님께 이 모든 능력을 달라고 구했지만
겸손함이 먼저라고 나를 낮추시는 주님
가난을 통해 나를 채찍질할 때마다
내 마음은 풍선처럼 가벼워져요

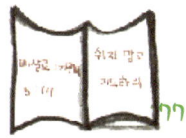

지우개

안경으로도
가려지지 않는
제 눈물을 지워주세요

눈곱만큼의 자국도
남기지 말고
백지보다 더 하얗게
지워주세요

어버이날

엄마가 없었다면
아빠가 새 가정을
꾸릴 수 있었을까

엄마가 없었다면
가족의 소중함을
알 수 있었을까

엄마가 계셨기에
아빠가 행복해지셨고
귀여운 여동생과
멋진 남동생이 생겼고
내가 사랑받을 수 있었다

그런 우리 엄마를 보면서
나도 빨리
엄마가 되고 싶다

그녀

어렸을 적
그녀는 나를
다리병신이라고 놀렸다

그 말이 창피해서
고개를 숙이고 다녔다

'어른이 되면 괜찮겠지'

나는 그녀가
어른이 되길 기다렸다
하지만 어른이 되어서도
변하지 않았다

그녀는
왜 바뀌지 않는 걸까